# ECONOMÍA DOMÉSTICA

ECONOMÍA DOMÉSTICA ..............................................................4
Introducción ................................................................................4
Capítulo 1 — La familia como empresa ....................................8
  1.1 – La familia-empresa: significado y características principales ................................................................................10
  1.2 – Principales dificultades en la gestión económica de un hogar .........................................................................................16
  1.2.1 – Ingresos y consumos: cómo gestionarlos...................19
  1.2.2 – Ahorro e inversiones como elementos fundamentales que deben evaluarse ..................................................................22
  1.3 – Aplicación de evaluaciones realistas ............................23
  1.3.1 – Previsión de ingresos ..................................................26
  1.3.2 – Previsión de las salidas ...............................................27
  1.4 – La importancia del elemento tiempo en una economía doméstica ..................................................................................29
Capítulo 2 – La familia moderna: comodidad y problemas.....31
  2.1 – Evolución de la familia a lo largo de los siglos ..........32
  2.1.1 – La familia patriarcal....................................................34
  2.1.2 – La familia nuclear .......................................................36
  2.1.3 – El hogar de doble renta ...............................................37
  2.2 – Organización familiar, servicios domésticos ..............39
  2.2.1 – Desaparición del trabajo doméstico ..........................41
Capítulo 3 – Economía doméstica innovadora .......................44

3.1 – Reevaluación de la importancia de la economía doméstica ..................................................................46

3.2 – El balance de la vida laboral tradicional ....................51

3.2.1 – Flexibilidad horaria y organizativa ........................52

3.2.2 – Medidas de acompañamiento .................................53

3.3 – El balance innovador de la vida laboral .....................55

   3.3.1 – Servicios directos para la optimización del bienestar doméstico .........................................................56

3.3.2 – Reubicación de los puestos de trabajo de la sociedad moderna ..............................................................59

3.3.3 – El ahorro de tiempo .................................................61

3.4 – Coworking como una nueva visión del bienestar .......63

3.4.1 – Plan C de Milán ......................................................66

Conclusiones ........................................................................69

# ECONOMÍA DOMÉSTICA

## Introducción

La economía doméstica es una disciplina que millones de personas aplican a diario, a veces sin saberlo. En efecto, hace referencia a la aplicación de las normas básicas de una economía empresarial en un contexto particular y delicado como puede ser la familia. En general, no es posible comparar una familia con una explotación, por lo que la economía doméstica sólo se ocupa de algunos aspectos de la vida de la familia-empresa, como la gestión de la renta y del consumo, el seguimiento del ahorro y el estudio detallado de las inversiones a medio y largo plazo.

La economía doméstica nace a principios de los años sesenta, pero su afirmación como ciencia fundamental no es inmediata. En efecto, al principio sólo se enseñaba en las escuelas en las clases formadas por chicas solas, ya que en aquella época eran ellas las encargadas de la gestión del entorno familiar. Posteriormente, la materia escolar, con las uniones de las clases femeninas y masculinas, se modificó en educación técnica. En los años 70, en cualquier caso, muchos manuales definieron de manera más clara la función de la economía doméstica y su objetivo, es decir, optimizar los ingresos de la familia, teniendo siempre en cuenta el bienestar de los individuos que componen el núcleo familiar.

Con el paso de los años, la economía doméstica se perdió de vista, entre otras cosas porque se había convertido en una ciencia adquirida. Pero a partir de los años 2000 esta materia fue revalorizada, teniendo en cuenta no sólo la gestión de la renta, sino también los compromisos y las ambiciones de todos los componentes del núcleo familiar. Así pues, se trataba de una gestión económica del factor temporal, con una optimización del bienestar, una búsqueda constante del equilibrio entre trabajo y familia, con un cuidado especial por las aficiones y las pasiones personales.

Con la transformación de la idea y de la forma de la familia, la aplicación de la economía doméstica se ha vuelto cada vez más complicada, ya que entran en juego cada vez más necesidades, necesidades más específicas y sobre todo la falta de tiempo útil para gestionar la propia familia. Precisamente por este motivo se han creado cada vez más actividades y servicios que pueden salvaguardar el tiempo de cada familia. El objetivo de estos servicios es precisamente ahorrar tiempo a los trabajadores y a las trabajadoras mientras realizan sus tareas. La búsqueda del punto de equilibrio que permita conciliar perfectamente las actividades laborales y familiares se ha convertido quizás en el objetivo principal de la sociedad moderna. En efecto, el frenesí y el estrés causado por el entorno profesional han provocado el abandono de la familia y de la economía doméstica, tanto por falta de tiempo como por el cansancio de cada individuo. A través de estos sistemas se intenta que el trabajo sea menos estresante y llevar algunas actividades puramente domésticas al lugar de trabajo. Así surgieron dentro de las empresas servicios de lavandería, servicios de control y educación de los niños e incluso el servicio del mayordomo de la empresa, encargado de realizar tareas domésticas en nombre de los trabajadores. Todo ello a precios aún más asequibles que los del mercado, garantizando así un ahorro económico más allá del tiempo.

La economía doméstica parece, pues, una ciencia en continua evolución, que tiende siempre a adaptarse a las nuevas formas familiares y a las necesidades del hombre moderno. Por ello es importante no subestimarla y es fundamental aplicarla de manera constante, de modo que se optimice el bienestar y la renta a medio y largo plazo, con el logro asegurado de los objetivos fijados.

# Capítulo 1 — La familia como empresa

La familia, tanto en Italia como en el resto del mundo, desempeña un papel primordial, tanto a nivel social como nacional. También por este motivo la Constitución italiana de 1948 quiso destacarla, definiéndola como una sociedad natural fundada en el matrimonio. En la actualidad, el concepto de familia puede ampliarse aún más, ya que el matrimonio no es el único método de formación de un grupo social de este tipo. En general, la familia moderna está representada por los compromisos relacionales y asistenciales entre dos o más personas, sin ningún vínculo contractual.

En cambio, desde el punto de vista económico, la familia se considera la forma empresarial más simple, basada en el trabajo, como medio de obtener los ingresos financieros para su sustento, y en el consumo de bienes y servicios. En este sentido, los objetivos de una familia deben coincidir para impulsar una economía adecuada y óptima. Al mismo tiempo, es necesario adaptar los objetivos generales familiares con los individuales, ya que el bienestar, es decir, el bienestar de cada individuo, no debe pasar a un segundo plano con respecto a los objetivos de la economía doméstica. Por lo tanto, organizar una empresa social de este tipo de manera objetiva y económica puede resultar, en cierto modo, más complicado que dirigir una empresa propiamente dicha.

Lo que parece más complicado, especialmente en la actualidad, es establecer un orden jerárquico natural en el ámbito familiar, pero sin imponer la gestión a los demás, como puede ocurrir, por ejemplo, en una empresa normal. El elemento que, por el contrario, une los dos aspectos de la economía, es decir, la empresa propiamente dicha y la economía familiar, es la búsqueda de un bien común. Para alcanzar la misión familiar el grupo social, independientemente del número de miembros, debe actuar como una verdadera empresa de consumo: Así pues, el principal problema reside en la dificultad de encontrar los factores de producción necesarios para satisfacer todas las necesidades de cada componente, tanto las actuales como las futuras.

## 1.1 – La familia-empresa: significado y características principales

La realización de un análisis económico y empresarial de la familia puede suponer un beneficio considerable para toda la sociedad. En efecto, la optimización de una estrategia de este tipo conduce a niveles mejores de consumo e inversión, haciendo así que otras empresas consigan un mejor enfoque del mercado. En efecto, la producción de las empresas se concentra generalmente en el consumo de los hogares y de los individuos, y varía según las necesidades que requieren.

Hoy en día, para poder satisfacer todas las necesidades familiares, ha sido necesario un proceso de especialización cada vez más elevado. Por este motivo, ha sido fundamental separar completamente las actividades de producción de todas las actividades de consumo.

Cada empresa, incluida la familia, debe contar con tres elementos: las personas, los medios, tanto financieros como materiales, y la organización. Estos tres aspectos representan el sistema estructural de la empresa, y la misión, es decir, el objetivo último de la empresa, sólo puede lograrse mediante la utilización simultánea de los tres elementos.

La familia representa a nivel económico un conjunto de personas que, de manera coordinada y organizada, realizan un conjunto de operaciones con el fin de crear valor. Las mayores dificultades residen, en particular, en la necesidad de coordinar las necesidades y los compromisos de cada miembro de la familia, teniendo en cuenta la edad de cada uno de ellos, sus aptitudes, la formación cultural y escolar y sus empleos profesionales.

La eficiencia económica de un hogar depende, en particular, de su capacidad para organizarse optimizando los valores de cada componente del núcleo. En particular, es fundamental seguir dos criterios, el funcional y el divisional. El primer criterio se refiere a la realización de actividades altamente especializadas, que ayudan a la familia a alcanzar un buen nivel de desarrollo y, sobre todo, a conseguir economías de escala proporcionales o más que proporcionales. El segundo criterio se refiere al concepto de coordinación propiamente dicho e implica el desarrollo de las funciones ordinarias que deberán repartirse entre los distintos miembros de la familia-empresa. Éstos se definen los criterios estáticos de una familia-empresa.

Un hogar puede decidir si adopta uno solo de los dos criterios, en función del número de personas que lo componen y de los compromisos de cada uno de ellos. Por supuesto, los resultados pueden variar en función de la forma en que desempeñe sus funciones.

La organización de la familia empresarial se complica a medida que su estructura pasa de ser elemental a jerárquica. Un modelo nuclear compuesto sólo por dos personas, marido y mujer, o simplemente pareja, de los cuales sólo uno tiene un trabajo, es mucho más fácil de manejar, en el plano económico, con respecto a una familia compuesta no sólo por la pareja, sino también por descendientes y ascendientes, con unos ingresos familiares procedentes de dos o más miembros. Especialmente en la actualidad, la forma de organización familiar está tomando cada vez más la forma de una matriz. En efecto, sólo este modelo, gracias a su gran flexibilidad, garantiza la aplicación de una organización óptima, independientemente del criterio adoptado.

Además de los criterios estáticos enumerados anteriormente, existen criterios que se definen dinámicos, ya que su objetivo es identificar de manera constante la fuerza de actividad de una familia-empresa. Esta puede variar en función de las motivaciones y de la voluntad con las que cada uno de los miembros participa en las iniciativas empresariales de su familia. Este contexto puede resumirse en la definición de entorno interno y constituye un primer criterio dinámico. Otro criterio que debe tenerse en cuenta y que puede influir en el rendimiento económico del hogar es el entorno externo.

La contradicción representada por los dos criterios dinámicos es la centralidad de la familia: representa la cuna de la educación y el punto neurálgico del crecimiento, pero al mismo tiempo sufre inevitablemente la influencia de factores externos, que se amortizan y engloban dentro del núcleo. Por tanto, sirve de vínculo entre el medio ambiente interior y el exterior, y requiere una doble acción, que consiste en la gestión de los factores internos, por una parte, y en una selección de los factores externos, por otra.

Con el fin de adaptarse a cualquier cambio y alteración que se produzca en el entorno exterior, que a menudo puede reflejarse también en el entorno interior, la familia debe ser imaginada como un elemento en continua evolución. Dependiendo de cómo una familia se adapte a los cambios económicos y sociales del planeta, se obtendrá una trayectoria evolutiva diferente. Una evolución que se sitúe en niveles elevados de adaptación puede depender de la eficacia de la forma organizativa interna del hogar. Por supuesto, solo algunos miembros de la familia deben comprender y actuar de acuerdo con los cambios de ambos entornos, mientras que otros, como los niños y las personas mayores, deberán "someterse" a la economía doméstica que se ha decidido adoptar.

Un ejemplo clásico de ello es el desempleo juvenil. Un padre forma una familia con la convicción de que un hijo, cuando alcanza la mayoría de edad y obtiene todos los títulos de estudio, puede abandonar el núcleo familiar para crear uno propio. Esto, sin embargo, en las últimas décadas ya no está sucediendo con la regularidad de los primeros años del siglo, debido a la falta de ofertas de empleo o a la imposibilidad de acceder a puestos de trabajo y de trabajo adaptados a los niveles de estudios alcanzados. Por tanto, el núcleo familiar deberá ser capaz de sostener esta presencia y deberá satisfacer todas las exigencias del componente.

La familia es, por tanto, una empresa que se encuentra en un contexto económico que deberá evaluar los micro elementos (entorno interno) y los macro elementos (entorno externo), que pueden dividirse en subconjuntos en función de su influencia (escuela, cultura, política, economía, clima, etc.).

## 1.2 – Principales dificultades en la gestión económica de un hogar

La familia no tiene como único objetivo el logro de resultados económicos, sino su verdadero objetivo y su principal misión es alcanzar un alto nivel de bienestar colectivo. Se trata, por tanto, de un objetivo no propio de la estructura empresarial, pero que requiere una gestión de la renta y un control del consumo excelentes. Por lo tanto, no es fácil evaluar si un bien o un producto está incluido en la misión.

En efecto, hay que imaginar la familia unida en el momento del consumo, pero separada en el momento en que se buscan las principales fuentes de sustento, es decir, los ingresos. Los miembros de la familia trabajan para empresas que operan en el mercado económico, pero en el momento en que se visten los zapatos del consumidor el lugar de trabajo no debe influir en las opciones. A estos dos factores, a saber, la renta y el consumo, se añade también la necesidad de cubrir las demandas de los Estados, y por tanto la gestión de impuestos y tasas, y la aplicación de un plan financiero que prevea los ingresos de entidades externas, en el caso de que se realicen inversiones importantes de dinero, y por lo tanto el sostenimiento y el pago a plazos de un préstamo que se prolonga a largo plazo.

Por tanto, al ampliar la visión de la economía doméstica, es posible identificar problemas cada vez más comunes, pero no menos comunes. En efecto, cada familia es generalmente capaz de gestionar su propio ambiente interno, pero a menudo no logra afrontar el exterior, con repercusiones negativas también sobre el primer ambiente. Pero lo que se necesita es un equilibrio, que depende no sólo de la renta y del consumo, sino también de las necesidades materiales y morales de cada miembro de una familia. Por supuesto, las necesidades deberán ser siempre realistas y guardar relación con el nivel de ingresos del hogar, ya que, de lo contrario, se correría el riesgo de que toda la gestión familiar se viera afectada.

Con el tiempo, la familia se ha orientado cada vez más hacia el consumismo, y las necesidades secundarias han tomado cada vez más la forma de necesidades primarias, perturbando la economía doméstica. Esta evolución se ha visto reflejada en la aplicación de un proceso de industrialización centrado en el consumo familiar. En efecto, muchas empresas decidieron especializarse en la producción de un único bien que pudiera tener un mercado especialmente dentro de las casas privadas y que no estuviera dirigido a otras empresas. De este modo se reducía la posibilidad de realizar ventas importantes, pero se aumentaba considerablemente el número de clientes disponibles.

## 1.2.1 – Ingresos y consumos: cómo gestionarlos

Al igual que cualquier economía empresarial, la economía familiar puede reducirse a cuatro variables fundamentales, a saber, ingresos, impuestos, consumo e inversiones. En particular, la fórmula básica de la economía doméstica es la ecuación en la que los ingresos son iguales a la suma de los otros tres elementos. En efecto, la renta familiar debe repartirse entre impuestos, consumo e inversiones.

La norma que identifica la economía doméstica es, de hecho, la conciencia de que las necesidades de los seres humanos son infinitas: El único límite a estas necesidades radica precisamente en la imposibilidad de adquirir un solo elemento una vez superados los ingresos familiares. Por este motivo la familia está sometida diariamente a un compromiso dictado por las opciones a las que cada miembro está llamado. Se habla, pues, de un verdadero descrédito de las necesidades menos apremiantes, que deberán ser eliminadas de la lista de consumo. Este es el primer paso fundamental en la búsqueda del equilibrio óptimo de una economía familiar.

Los bienes de primera necesidad se consideran productos pertenecientes al género alimentario, el hogar, la ropa y los medios de transporte, que a veces pueden sustituirse por el coste de la suscripción al transporte público. Todos estos bienes forman parte del componente de consumo.

Otro problema es la determinación de la forma de obtener ingresos en el hogar. La principal fuente de ingresos es sin duda el trabajo. Pero esta no es la única. Pensiones, herencia, alquileres de terrenos o inmuebles, rentas e indemnizaciones, pero también vitalicios e intereses, y por último los títulos obligacionistas, representan otras formas de obtener el dinero necesario para su sustento y el de toda la familia. En concreto, un trabajo puede ser de dos tipos: el trabajo por cuenta ajena y el trabajo por cuenta propia. La primera tipología identifica todas las actividades realizadas por un miembro de la familia en una empresa privada o en un organismo público, mientras que la segunda tipología se refiere a todas las profesiones ejercidas de manera totalmente autónoma, que no tengan carácter de subordinación respecto de ninguna otra persona física o jurídica. Los pensionistas, por el contrario, son los que, una vez cumplidos todos los requisitos, aunque no ejerzan ningún tipo de actividad, perciben una renta mensual sobre la base de las cotizaciones abonadas durante el período de trabajo.

A pesar de la gran variedad de modalidades de obtención de ingresos familiares, en Italia y en el mundo se ha asistido a una disminución lenta de la cuantía de los ingresos declarados anualmente por cada contribuyente, debido principalmente a una crisis que afecta a toda la economía mundial. Para los que han tenido que hacer frente en primera línea a esta caída de los ingresos, la gestión del consumo y del capital monetario ha provocado un desplome del consumo y de las inversiones, mientras que la cuantía de los impuestos aumentó lentamente. Esta reducción del número de compras ha afectado a bienes y servicios de todo tipo, desde los de primera necesidad hasta los productos plurianuales, es decir, el tipo de productos que ofrecen su utilidad en más de un año. Dentro de una economía doméstica, esta categoría de bienes puede estar representada, por ejemplo, por los electrodomésticos o los automóviles.

## 1.2.2 – Ahorro e inversiones como elementos fundamentales que deben evaluarse

Las inversiones también se han reducido considerablemente en las economías domésticas de los hogares italianos y europeos. La razón principal de esta variación de los hábitos familiares es la reducción del ahorro. De hecho, los hogares, hasta principios de siglo, eran capaces de acumular el suficiente dinero ahorrado para hacer frente a posibles gastos imprevistos, al mismo tiempo que financiaban hipotecas y préstamos sin grandes patentes. Hoy en día, la posibilidad de hacer frente a acontecimientos extraordinarios se ha visto mermada y las familias a veces ni siquiera pueden soportar las deudas de la financiación contratada. La consecuencia es, naturalmente, una reducción de las compras de bienes duraderos y de las inversiones, que se limitan o se compran de segunda mano a precios más favorables, pero con una utilidad de duración considerablemente inferior.

## 1.3 – Aplicación de evaluaciones realistas

Con el fin de gestionar eficientemente la economía doméstica de una familia, es necesario implementar una estrategia que sea capaz de proporcionar un plan de negocio sostenible en el medio-largo plazo y, sobre todo, que ofrezca evaluaciones económicas y financieras realistas. Los programas, que se refieren a todos los elementos de la fórmula básica de la economía doméstica, deberán abarcar a todos los miembros de la familia e identificar las responsabilidades de cada uno de ellos, con las tareas que deben realizarse y los objetivos que deben alcanzarse. El objetivo de esta implementación es precisamente encontrar un punto de equilibrio posible y eficiente para la familia. A veces, el logro de este punto puede requerir sacrificios y renuncias, pero la consecución de la misión familiar es fundamental para lograr un bienestar óptimo.

Para llevar a cabo un plan de este tipo es necesario analizar y corregir la actividad de todos los componentes del núcleo. En efecto, además del objetivo general para la familia, es necesario fijar objetivos también individuales, de modo que cada uno de los miembros de la familia se esfuerce por alcanzar el bienestar general. En realidad, este tipo de implementación se lleva a cabo diariamente en las familias de todo el mundo, a menudo sin ser realmente conscientes de ello. Sin embargo, la única manera de alcanzar los objetivos es trabajar en armonía y cooperación. Por esta razón muchas familias deciden participar en cursos que pueden aumentar la sensación entre los diferentes componentes del núcleo, aumentando las posibilidades de alcanzar el bienestar en el menor tiempo posible. Por consiguiente, la única manera de perseguir eficazmente la misión es intentar satisfacer todos los intereses de los individuos que componen la familia, con organización y diálogo.

Sin embargo, el establecimiento de objetivos no es el único requisito que exige una implementación eficiente de un plan de economía doméstica. En efecto, es muy importante definir una gestión óptima de los recursos que posee la familia, que periódicamente deben ser revalorizados y redefinidos. Para controlar los flujos monetarios y financieros que afectan a la familia tanto a corto como a largo plazo, es posible realizar un verdadero balance familiar.

Para ello es necesario analizar y controlar tanto los ingresos procedentes de las obras o de otros tipos de ingresos, como los gastos, que son los consumos, es decir, las compras, y las inversiones. Las salidas nunca deben superar las entradas para poder definir una economía doméstica óptima y eficiente. La mejor manera de conseguir todo esto es, por supuesto, evitar totalmente o minimizar el despilfarro y hacer solamente las compras indispensables.

## 1.3.1 – Previsión de ingresos

En particular, en el ámbito de la economía doméstica, es fundamental no sólo contabilizar los ingresos realmente obtenidos, sino también elaborar un presupuesto que, de manera realista, identifique el importe de los futuros ingresos familiares, sobre la base de la frecuencia temporal.

En concreto, un presupuesto de este tipo identifica los días exactos en los que, con certeza, uno o más miembros de la familia percibirán sus ingresos. Sin embargo, este cuadro no tendrá en cuenta todos los ingresos extraordinarios, como las ganancias en el juego o la venta de un bien en posesión acompañada de una plusvalía, por ser indeterminables en su importe e imprevisibles.

Este tipo de ingresos sólo podrán inscribirse en el presupuesto después de su manifestación monetaria y se inscribirán plenamente en la renta familiar a disposición de los miembros del núcleo.

## 1.3.2 – Previsión de las salidas

Paralelamente a la realización del presupuesto de ingresos, es posible elaborar un presupuesto para las salidas monetarias de los ingresos familiares. En este caso, los gastos, para simplificar el trabajo, podrán dividirse en gastos fijos y gastos variables. Esta distinción es oportuna, ya que permite categorizar las salidas sobre una base temporal y cronológica, distinguiendo los gastos con vencimiento y los gastos diferidos.

Entre los gastos fijos se incluyen, sin duda, los alquileres, o el pago de la cuota del préstamo con intereses, los gastos vivos, es decir, los pagos de las facturas de electricidad, gas y calefacción, los gastos telefónicos o de telefonía móvil, los seguros personales o relacionados con los medios de transporte en posesión, la marca, etc.

Entre los gastos variables, por el contrario, se incluyen, además de la alimentación que se sitúa a mitad entre las dos categorías, las compras de ropa, el desarrollo de actividades deportivas y otras aficiones, los gastos para empleados domésticos, y otros gastos generales relacionados con cualquier tipo de compra.

La diferencia entre los dos tipos de gastos es que las salidas fijas son fácilmente determinables con mucha antelación. Dado que su manifestación monetaria es segura tanto en la cantidad como en el plazo previsto, podrán incluirse inmediatamente en el presupuesto de gastos previsto. Por el contrario, los demás gastos, es decir, los gastos variables, son inciertos tanto en el coste como en el día en que se producirán y, por tanto, sólo podrán registrarse una vez realizados.

Las dos perspectivas económicas y financieras tienen por objeto regularizar la economía doméstica de una familia, poniendo todos los componentes al corriente de los gastos que se deban efectuar sobre la base de los ingresos que se vayan a percibir durante un determinado período de tiempo, que suele coincidir con el año natural. En efecto, es aconsejable elaborar estos presupuestos a principios de año para ofrecer una imagen completa y general de lo que la familia debe esperar en un futuro próximo desde el punto de vista económico.

## 1.4 – La importancia del elemento tiempo en una economía doméstica

El tiempo es el elemento principal de una economía doméstica eficiente. De hecho, gestionar esta variable en todos sus aspectos es uno de los pasos más importantes hacia la optimización de la situación económica familiar.

En primer lugar, hay que considerar el tiempo necesario para cada miembro del hogar. De hecho, cada miembro del núcleo necesita tiempo para trabajar o para asistir a clases. Sin embargo, al ser imposible ampliar el tiempo, es necesario apostar por el aumento de la calidad del tiempo dedicado por cada componente al bienestar familiar.

La gestión del tiempo depende únicamente de la capacidad de organizar los compromisos y las tareas que deben realizarse, dedicándose a veces al ocio y a las aficiones. Existen verdaderas ciencias que dedican su interés al estudio y a la optimización de la variable temporal. La Time Management tiene sus raíces precisamente en este ámbito, centrándose en la consecución de los objetivos. El objetivo es lograr una concepción del tiempo pasiva y ya no activa: no es el tiempo lo que organiza la vida del ser humano, sino el hombre el que gestiona el tiempo.

También en este ámbito es necesario distinguir el tiempo libre del tiempo indispensable, es decir, de todas las actividades que deben realizarse necesariamente durante el día. En esta última categoría se incluyen los compromisos personales, laborales, familiares y sociales, mientras que en la primera se incluyen las aficiones y pasiones.

Cada compromiso depende de su naturaleza. Si bien es importante y urgente, el tiempo debe dedicarse inmediatamente a esta tarea, pero los compromisos también pueden ser importantes, pero no urgentes, y por lo tanto pueden ser llevados a cabo con más calma o urgentes, pero no importantes, y por lo tanto su desarrollo podría ser delegado a otros temas. Además, es necesario evaluar si los compromisos que requieren más tiempo son realmente útiles para la misión familiar y si pueden aportar bienestar a todo el núcleo.

# Capítulo 2 – La familia moderna: comodidad y problemas

Organizar y optimizar desde el punto de vista financiero y económico la familia moderna requiere grandes competencias de gestión. De hecho, la evolución social ha hecho que toda la vivienda de las familias de todo el mundo sea más cómoda. Estas comodidades se han convertido cada vez más en necesidades existenciales, que no sólo pueden ayudar a los componentes del núcleo a ahorrar un tiempo precioso, sino que pueden ayudar a realizar sus tareas de manera aún más eficaz. Dentro de este conjunto de comodidades se encuentran sin duda los electrodomésticos, los ordenadores personales y los teléfonos inteligentes. Estos, aunque no son muy indispensables, se han convertido con el paso de los años en verdaderos bienes de primera necesidad.
Al mismo tiempo, sin embargo, todas estas comodidades poseen su propio costo, tanto fijo como variable. El coste fijo está representado, por ejemplo, por las distintas suscripciones telefónicas, por el correo electrónico y por

cualquier otro canon periódico; los elementos variables se refieren, por el contrario, a los costes de compra y a los gastos adicionales, por ejemplo, llamadas al extranjero. Pero también es cierto que los electrodomésticos han permitido ahorrar, además del factor tiempo, agua, gas y electricidad, pesando cada vez menos en las facturas correspondientes.

## 2.1 – Evolución de la familia a lo largo de los siglos

La familia-empresa representa únicamente la última forma de organización familiar, debida a la adaptación a las necesidades del período histórico de referencia. En efecto, la familia debe ser imaginada, cualquiera que sea su forma, como una red social, que se relaciona con entidades, institutos e individuos diferentes. Los individuos que componen la familia actúan tanto desde el punto de vista profesional como social para el bienestar de la familia. Sin embargo, sus comportamientos están siempre orientados hacia el bienestar individual, debido al instinto poseído por el hombre desde siempre.

La telaraña social creada por el hombre se basa en los sentimientos amorosos, de amistad o de afecto, que unen empáticamente a los distintos individuos. El sistema social actual está representado por una red mucho más densa que la del pasado, con interacciones cada vez más complicadas, también por la falta de confianza depositada en el prójimo. La dificultad de afirmarse en la sociedad moderna, la importancia de dar a sus hijos una educación cada vez más profunda, complican también la situación familiar, las dificultades de adherirse a los papeles domésticos cada vez más cambiantes y de repartir equitativamente las cargas familiares.

La familia ha tenido que hacer frente a una serie de obstáculos a lo largo de los siglos antes de llegar a su forma actual. La emancipación de la mujer, junto con todos los obstáculos a los que se ha enfrentado la mujer antes de poder incorporarse al mundo del trabajo y hacerse aceptar plenamente por la sociedad, son sólo algunos ejemplos de los acontecimientos que han alterado y mejorado el concepto de familia. Por tanto, la familia es una entidad asimiladora, muy influida por cualquier acontecimiento que caracterice a una sociedad, desde la moda hasta la tecnología. Las formas familiares, sin embargo, son todas reconducibles a tres categorías principales: la familia patriarcal, la familia nuclear y la familia de doble renta.

## 2.1.1 – La familia patriarcal

La primera forma de organización doméstica es la llamada familia patriarcal. Este género familiar se caracterizaba por un núcleo muy amplio, compuesto incluso de veinte personas. Los ancianos eran considerados los poseedores de la sabiduría, y precisamente a ellos les correspondían las decisiones principales en cuanto a economía doméstica y organización familiar.

El trabajo de la familia se dirigía principalmente al trabajo de la tierra, al que se encargaban todos los varones pertenecientes al núcleo. Este trabajo garantizaba el sustento alimentario necesario para toda la familia y a menudo era la única fuente de ingresos, ya que los productos cosechados se vendían posteriormente a terceros.

La mujer, en cambio, tenía un papel muy limitado: sólo podía dedicarse a la preparación de las comidas, a la limpieza de la ropa y de la vivienda y a la educación de los hijos. Los adolescentes, además de ayudar en la educación de los hermanos menores, debían ocuparse del cuidado de los animales criados, generalmente situados cerca de la vivienda.

El sistema organizativo era estrictamente autárquico, es decir, se basaba en una economía cerrada dentro de la familia, y las relaciones con el exterior, tanto económicas como sociales, se reducían al mínimo.

## 2.1.2 – La familia nuclear

Entre las muchas consecuencias de la Revolución Industrial se encuentra la transformación de la forma familiar, que pasa de una organización autárquica y patriarcal a una organización de carácter nuclear. La primera diferencia se presenta en la función de la familia: si en los años anteriores miraba hacia una producción autónoma de productos alimenticios útiles para su sustento, Ahora la familia se adapta a un consumismo cada vez más presente en la sociedad. La familia ya no está compuesta por veinte miembros, sino sólo por los cónyuges y sus descendientes: de ahí la definición de familia nuclear. Sin embargo, el hombre no pierde su figura autoritaria y sigue siendo el pilar de toda la familia, no sólo porque consigue garantizar los ingresos y el sustento de todos, sino también porque garantiza el respeto de las normas que él mismo decidió. La esposa representaba a su mano derecha, asumiendo más autoridad y desempeñando un nuevo papel, el de ama de casa. Lo que distingue a este período histórico es, sin duda, el bienestar económico, que se encontraba en el seno de la familia.

Las actividades realizadas por los miembros del núcleo eran claramente distintas: el hombre trabajaba fuera de casa y garantizaba los ingresos a su familia, mientras que la mujer se ocupaba de las tareas domésticas. El espacio familiar, gracias también a la separación cada vez más clara entre el entorno interno y el entorno laboral, se vuelve totalmente privado. La redefinición de las tareas de los miembros individuales y la reducción de la familia a su núcleo propicio a un buen equilibrio, especialmente desde el punto de vista económico.

## 2.1.3 – El hogar de doble renta

La siguiente fase de desindustrialización fue la causa de la tercera y última forma doméstica: la familia de dos ingresos. El fruto de esta evolución familiar no se encuentra sólo en los cambios históricos, sino sobre todo en los sociales. En efecto, la mujer ya no quiere ser considerada una figura de segundo plano, encargada del cuidado de la casa y de la educación de los hijos, sino que ha conseguido, no fácilmente, situarse en el mismo plano que el hombre, especialmente en el ámbito laboral. Así pues, no es raro en la actualidad observar familias en las que ambos cónyuges tienen un trabajo a tiempo completo.

La consecuencia principal es la reducción del número de hijos, debida a una disminución de la tasa de natalidad, y ha habido un aumento del número de familias. De hecho, cada vez más familias están formadas por dos personas, una pareja, que a veces ni siquiera ha firmado el acta de matrimonio. La familia de doble renta ha continuado su evolución en el ámbito económico, a menudo en detrimento del social. La falta de tiempo libre ha llevado a las personas a buscar pasatiempos en el interior de las viviendas y a dirigirse a personas externas para la educación de sus hijos. El consumismo se puede considerar total: cada vez menos familias poseen una parcela de tierra en la que producir productos ecológicos, por lo que para poder alimentarse es necesario comprar todos los productos alimenticios en los supermercados.

## 2.2 – Organización familiar, servicios domésticos

Una de las principales consecuencias de la evolución de la familia es precisamente la falta de tiempo para la organización de la familia misma, para el cuidado de la propia vivienda, independientemente del sexo de los individuos, y a la educación de sus hijos. La familia de dos ingresos, que coincide con la familia moderna, ha tenido que aplicar importantes disposiciones desde el punto de vista organizativo familiar.

Los tiempos modernos, especialmente a partir de 2009, con la crisis económica que afectó a todo el planeta, requieren una doble renta para compensar todas las necesidades y comodidades y satisfacer todas las necesidades. Pero, como ya se ha dicho antes, no es posible ampliar el tiempo y las horas diarias disponibles. Por lo tanto, para que la economía doméstica pueda organizarse eficientemente, ha sido necesario introducir en la familia a personas que desempeñan las tareas que corresponden a cada uno de los miembros del núcleo. Si se compara esta situación con la de la familia patriarcal, se puede intuir hasta qué punto el ser humano ha cambiado a lo largo de los años y hasta qué punto su mentalidad ha evolucionado.

Los plazos reducidos y las exigencias cada vez más exigentes de la sociedad moderna no pueden sino traducirse en una tasa de estrés mucho más elevada que en el pasado. También por este motivo, muchas familias, especialmente aquellas compuestas únicamente por los cónyuges, deciden divorciarse, a causa de incomprensiones y de una falta de equilibrio doméstico, no sólo económico.

La transformación de la familia, sin embargo, ha abierto la sociedad a nuevas tolerancias y a nuevos conceptos de núcleo familiar. Con el aumento de los flujos migratorios ha aumentado la probabilidad de núcleos formados por individuos cultural y étnicamente diferentes. Además, cada vez son más las parejas compuestas de homosexuales, que están consiguiendo obtener cada vez más derechos dentro de la nueva sociedad.

## 2.2.1 – Desaparición del trabajo doméstico

La necesidad de "llegar a fin de mes" y, por consiguiente, la importancia de poseer una doble renta para lograr más que compensar los gastos relativos a los impuestos y a los impuestos, al consumo y a las inversiones, ha suprimido casi definitivamente una figura que ha caracterizado a la familia italiana y mundial durante muchos siglos, es decir, la de la ama de casa. En efecto, el logro del bienestar máximo presupone el abandono de la actividad doméstica en favor de la búsqueda de un empleo lucrativo. Esta es la razón por la que cada vez más familias optan por recurrir a la llamada ayuda informal, es decir, a la actividad de personas ajenas a la familia que realizan las tareas que antes estaban reservadas a las mujeres, es decir, el cuidado del hogar, la educación de los hijos y el apoyo y la limpieza de las personas mayores.

Las necesidades de la familia moderna son mucho más numerosas y más costosas que las necesarias para una familia patriarcal o nuclear. Por este motivo, es casi obligatorio delegar algunas tareas en otras personas. Elegir cuáles de las tareas familiares confiar a estos individuos no es fácil, pero es normal que la elección recaiga en casi todas las tareas que el componente del núcleo puede no realizar personalmente.

El mercado de trabajo y el mercado social, por tanto, se amalgaman casi involuntariamente, con las opciones de muchas familias, que terminan por parecerse. En esta nueva visión de la sociedad, la ama de casa es sustituida por criadas y cuidadoras, que han convertido en un verdadero oficio el desarrollo y la gestión de tareas estrictamente familiares. La causa de este cambio social debe buscarse también en la falta de un verdadero servicio público de apoyo a las familias de doble renta. Naturalmente, no se trata de una ayuda económica, sino de una ayuda intrafamiliar.

# Capítulo 3 – Economía doméstica innovadora

La economía doméstica experimentó un auge a mediados de la década de los 70 y, a continuación, cayó en el olvido. Sólo en la plena necesidad, creada por la crisis mundial, las familias decidieron de nuevo aplicar estrategias de economía doméstica que se adaptaran a las nuevas necesidades y que permitieran alcanzar los objetivos sin alterar los equilibrios familiares.

Por eso se habla de economía doméstica innovadora. Esta, a diferencia de la anterior, que se basaba en la gestión del dinero plenamente suficiente para compensar el consumo, la inversión y los impuestos, requiere conocimientos también bastante profundos de economía y finanzas. La familia ya no es considerada simplemente como una empresa, sino como una empresa en crisis, desde el punto de vista económico, financiero, o incluso en ambos aspectos. Las dificultades aumentan cuando se trata de impuestos cada vez más elevados y sofocantes, de consumo y de inversiones. A esto se añaden los gastos escolares, universitarios o profesionales. Por lo tanto, la gestión de la renta y la gestión del consumo no sólo permiten sostener la vida familiar, sino que se han convertido en verdaderas necesidades, sin las cuales llegar a fin de mes puede resultar realmente muy complicado.

Por tanto, la nueva economía doméstica se prepara para ser la solución a la crisis, la misma solución que la política no ha conseguido encontrar desde hace tiempo, al tratarse de un modelo abierto y contemporáneo. Por supuesto, la economía doméstica teórica no siempre puede compartir plenamente la realidad, por lo que se requiere un período de experimentación familiar que permita una adaptación óptima a la ideología de esta materia.

## 3.1 – Reevaluación de la importancia de la economía doméstica

Así pues, la economía doméstica se ha convertido a lo largo de los años en una ciencia cada vez más importante, que las familias de todo el mundo adoptan para perseguir misiones a corto plazo y alcanzar objetivos a largo plazo. Los fines a los que una familia quiere llegar también han cambiado con respecto al pasado. Hoy en día, la búsqueda del éxito, la ambición y la tendencia a afirmarse a toda costa en la sociedad han sustituido a la mera subsistencia. Pero estos objetivos no entran en el ámbito de la economía doméstica propiamente dicha, que sigue vinculada a objetivos siempre realistas y posibles.

La revalorización de la economía doméstica sólo se produce cuando se combina con el tema de la innovación social. En efecto, la aplicación de una economía doméstica arraigada en los principios de los años 70 no sólo habría resultado ser un fracaso, sino también contraproducente. La simple gestión de los ingresos ya no es suficiente para lograr un equilibrio familiar a largo plazo, por lo que es fundamental aplicar la gestión de su presupuesto de previsión a la sociedad actual, ampliando la lista de presupuestos de gastos previstos e introduciendo elementos en el pasado inconcebibles.

Las inversiones deberán orientarse aún más que en el pasado. En el mundo moderno ya no se admite el error, y una estrategia que ha fracasado puede tener graves consecuencias para la familia, sin posibilidad alguna de remediarlo.

Sin embargo, el concepto de economía doméstica innovadora ha amplificado su campo de acción para controlar los problemas sociales que afectan a varias familias. Los ejemplos más llamativos se refieren a las formas de autogestión popular, con colectas de fondos para mejorar la estética de los barrios, para solicitar determinados servicios multinivel, La Comisión de Asuntos Sociales, Empleo y Medio de Trabajo, Salud Pública y Protección del Consumidor, Comisión de Medio Ambiente, Salud Pública y Protección del Consumidor.

Este excedente de la economía doméstica no implica variaciones en la fórmula básica de la materia, que siempre ve la renta igualar la suma de impuestos, consumos e inversiones. La única diferencia, en los casos más extremos, es que los ingresos pueden sumarse a varias fuentes de financiación, pero en este caso habrá que tener en cuenta todas las consecuencias de un préstamo de este tipo.

Por lo tanto, la decisión de dividir los gastos sociales entre varias familias es un ejemplo clásico de la aplicación de una economía doméstica innovadora. La necesidad de satisfacer una necesidad real que une a varias familias eligiendo optar por una solución que requiera el menor esfuerzo económico por núcleo individual es una decisión que respeta las principales reglas de la economía doméstica.

Una decisión de este tipo no era ciertamente posible en una forma familiar de tipo patriarcal y de tipo nuclear. Las familias del pasado, de hecho, eran mucho más cerradas, especialmente con otras familias. Incluso con la llegada del consumismo, el cierre social de la familia nuclear no se había visto alterado. La familia moderna, por tanto, se muestra mucho más abierta: basta pensar en la posibilidad de delegar las tareas domésticas y el cuidado de los familiares más pequeños y mayores a personas extrañas. Estas soluciones ni siquiera se concibieron en el pasado, entre otras cosas porque estaban reservadas a las figuras femeninas, decididamente circunscritas por el hombre.

Así pues, en algunos aspectos, más que en la economía doméstica propiamente dicha, se puede hablar de una economía multifamiliar, en la que se mantienen separados los diversos elementos, es decir, los ingresos, los impuestos, el consumo y la inversión, pero donde objetivos y equilibrios coinciden. Por supuesto, aunque se mantengan separados, en una economía de este tipo, algunas partidas de consumo e inversión coincidirán, mientras que las restantes variarán en función de las necesidades de cada hogar y de la cuantía de sus ingresos.

La consecuencia principal de esta visión económica es que toda la economía se traslada del consumismo más cercano a una especie de modelo de producción que comienza desde abajo. Las diferentes comunidades, a través de estrategias de Social Street y Co-housing, ya no buscan en el mercado soluciones a sus problemas y necesidades, sino que tratan de encontrar soluciones de manera directa, es decir, mediante la concertación entre ellas y la aplicación de planes y estrategias que impliquen a las diferentes familias, unidas por los mismos objetivos, por la zona de residencia o simplemente por las mismas pasiones.

En los últimos años han surgido cada vez más estrategias para conciliar la vida familiar y la vida laboral. En efecto, la mujer actuó como una verdadera línea divisoria dentro del concepto de sociedad. En efecto, en los últimos años, la figura femenina, aunque relegada, permitía al hombre gestionar fácilmente el aspecto laboral, ya que se dedicaba plenamente al cuidado de la familia y de la casa: un modelo "mal breadwinner family" Pero, además de injusto, tampoco es óptima desde el punto de vista económico. Sin embargo, la afirmación social de la mujer ha planteado la problemática de la conciliación de estos dos aspectos de la vida familiar. Así pues, han surgido estrategias para encontrar el equilibrio entre el trabajo y la vida familiar, definido en inglés como balance de trabajo, que permiten gestionar de manera óptima no sólo la propia vida profesional, sin renunciar a la ambición y la carrera, pero también la familiar e incluso el ocio.

Las estrategias work-life balance, por lo tanto, relacionan a personas y empresas, según dos tipos de intervención, la tradicional y la innovadora.

## 3.2 – El balance de la vida laboral tradicional

Existen formas de apoyar la idea de conciliar la vida laboral y familiar para todos los trabajadores. El principal problema de los balances de trabajo tradicionales de Life es la falta de aplicación de las medidas previstas: muchos directivos y gestores participan en conferencias sobre este tema, lo apoyan, pero al final no aplican las medidas previstas. Al mismo tiempo, los trabajadores tampoco son conscientes de la existencia de estos instrumentos, por lo que a menudo permanecen fuera de la vida laboral e incluso familiar.

Las principales técnicas de equilibrio laboral tradicional son dos: la primera es la flexibilidad horaria, mientras que la segunda es las medidas de acompañamiento.

## 3.2.1 – Flexibilidad horaria y organizativa

La primera técnica de la vida laboral tradicional es la flexibilidad horaria. Se trata de un instrumento que permite a los asalariados gestionar y personalizar, al menos parcialmente, su tiempo de trabajo, de modo que también puedan gestionar lo mejor posible la vida familiar y su tiempo libre. Muchos estudios han identificado a los trabajadores que han decidido aplicar esta metodología de trabajo como un compromiso mucho más alto y un rendimiento mucho más eficiente que el de los demás trabajadores de la misma empresa.

Por supuesto, la empresa debe imponer un límite semanal, mensual o anual para las horas flexibles que se donarán a sus empleados, que, en cualquier caso, deben garantizar la presencia alternativa en el lugar de trabajo. Sin embargo, por este motivo es fundamental organizar los nuevos turnos flexibles, en función del período de trabajo de la empresa y de las necesidades del trabajador. La remuneración, por supuesto, se redistribuirá en función de las horas de trabajo mensuales. La idea del tiempo de trabajo flexible se ha aplicado, en primer lugar, en las fábricas de fabricación, que han intentado encontrar un punto de equilibrio que concilie la vida familiar y la vida laboral, También es muy rentable.

## 3.2.2 – Medidas de acompañamiento

Los principales instrumentos de equilibrio laboral de género tradicional son las llamadas medidas de acompañamiento. Estos elementos se aplican como método de sensibilización de los directivos y los directivos para que apliquen todas las directivas de conciliación de work-life, pero también para estimular la organización de momentos de ocio durante los cuales el trabajador puede ir acompañado por toda la familia.

Esta sensibilización puede activarse mediante programas de comunicación interna, de información y de formación. Los primeros son los carteles clásicos en los tablones de anuncios o los encuentros dentro de la empresa; los segundos se pueden sintetizar en los métodos informáticos, como los correos electrónicos y los boletines; Por último, la tercera metodología se refiere a una indicación sobre la conciliación generalizada durante todo el período de formación del personal directivo y de gestión. El objetivo principal de estas medidas de acompañamiento es poner de relieve todas las ventajas que pueden suponer los instrumentos de conciliación, tanto a nivel personal como a nivel de empresa. Una persona que se siente implicado, incluso a nivel familiar, en la misión empresarial logra hacer más en el lugar de trabajo, optimizando los resultados. Sin embargo, estas medidas van dirigidas a los propios trabajadores, de modo que se les informe de las posibilidades reales de aumentar su bienestar. El objetivo principal es restablecer el clima familiar dentro de la empresa, apoyando la creación de vínculos entre los empleados y sus familias.

## 3.3 – El balance innovador de la vida laboral

El segundo tipo de instrumentos de conciliación de la vida laboral se refiere a técnicas más innovadoras. A partir de los años 2000 muchas empresas, algunas de ellas muy conocidas a nivel internacional y mundial, han aplicado medidas cada vez más específicas para mejorar el bienestar de sus empleados y optimizar la conciliación con la vida familiar.

Gracias a estas técnicas, la economía doméstica no sólo se ha beneficiado considerablemente, sino que se ha simplificado la gestión de la renta y el consumo, pero incluso encontró las metodologías que permitieran alcanzar en menos tiempo equilibrios cada vez más elevados.

## 3.3.1 – Servicios directos para la optimización del bienestar doméstico

Por consiguiente, muchas empresas han decidido intervenir directamente para mejorar la economía doméstica de las familias de los trabajadores contratados. Esta intervención se refiere a una serie de servicios innovadores que abarcan algunos aspectos de la vida familiar.

Uno de los ejemplos más comunes se refiere a la puesta a disposición de personal sanitario para todos los trabajadores que lo soliciten. Este servicio permite, por tanto, al trabajador desempeñar sus tareas con tranquilidad y volver a su hogar sin tener que esforzarse más para gestionar la economía doméstica de la familia. También se incluye a los cuidadores de niños en programas de este tipo: los niños son la causa principal de las ausencias laborales y de las solicitudes por horas o días de permiso. En consecuencia, no sólo se mejora el bienestar doméstico, sino también el bienestar empresarial. Así pues, el innovador balance de la vida laboral tiene por objeto compensar al trabajador por todas las deficiencias domésticas provocadas por su ausencia en la vida familiar por motivos laborales.

Otras empresas, entre ellas Apple, han ampliado sus instalaciones con zonas dedicadas a los niños, con lavanderías e incluso con gimnasios. De este modo, el trabajador tiene la posibilidad de realizar varias tareas domésticas directamente en el lugar de trabajo, mejorando su economía familiar. Estas ideas innovadoras, nacidas en los Estados Unidos en los últimos años del siglo, se han extendido por todo el mundo, llegando así también a los países europeos, entre ellos Italia.

El objetivo de estas técnicas empresariales sigue siendo alcanzar un punto de equilibrio que garantice a su personal la perfecta conciliación de la vida doméstica y laboral. Por esta razón, cada vez son más las empresas que realizan encuestas específicas dentro de la empresa con el fin de comprender las principales necesidades y preocupaciones de sus empleados, pero también de su personal directivo y de gestión. En particular, las empresas intentan apoyar y cubrir las necesidades del personal femenino, ya que las mujeres siguen siendo el núcleo fundamental de la vida familiar.

En Noruega, el logro del balance de la vida laboral es uno de los principales objetivos de la política. Por ello, se ha decidido implantar un sistema público que permita a todos los trabajadores obtener servicios a tiempo completo para el cuidado y la educación de los niños.

Otro servicio directo de la empresa se refiere a la contratación de un gestor de movilidad, es decir, de una figura que, para cada trabajador contratado en la empresa, encuentra la mejor solución para limitar al mínimo los desplazamientos desde la residencia al lugar de trabajo. Aunque parece sutil, este aspecto es uno de los principales motivos que influyen en el bienestar individual y familiar.

## 3.3.2 – Reubicación de los puestos de trabajo de la sociedad moderna

La herramienta más útil para mejorar la economía doméstica sigue siendo la del trabajo inteligente. El trabajo en la sociedad moderna implica el uso casi total de ordenadores personales, tabletas y teléfonos inteligentes. Muchas empresas han decidido, por tanto, permitir a sus empleados trabajar directamente desde su domicilio, ya que sólo disponen de una conexión a Internet suficientemente estable y de un dispositivo para conectarse a ella. El resultado fue realmente excelente. Por tanto, los trabajadores son libres de realizar sus tareas con plena libertad, por supuesto por sí mismos, y sin el control y la inspección de ningún funcionario directivo.

El rendimiento incluso se triplicó, pero lo que más sorprendió a los analistas del trabajo inteligente fue la clara mejora del bienestar familiar. El estrés acumulado en el lugar de trabajo ha disminuido considerablemente, el trabajo se realiza mejor y más rápidamente, y el trabajador puede disfrutar plenamente de su familia, cuidar de la casa y gestionar las tareas domésticas principales en primera persona. Todo ello se traduce en un ahorro considerable: la familia no se ve obligada a contratar a empleados y cuidadores para cubrir la falta de miembros de la familia, y toda la economía doméstica se optimiza decididamente.

Esto, por supuesto, ha sido posible gracias a los dispositivos de alta tecnología y la tecnología de la nube. En particular, permite instalar programas y guardar archivos en un espacio virtual que permite tenerlos disponibles en cada dispositivo u ordenador en el que está instalado el programa en la nube.

La idea del trabajo inteligente no sólo ha permitido ampliar la visión del desarrollo del trabajo, sino que también ha supuesto la reubicación de puestos de trabajo: A través de esta metodología, un trabajador puede realizar las tareas para las que ha sido contratado incluso estando de vacaciones o a grandes distancias.

Así pues, la economía doméstica se beneficia en gran medida de la elección de trabajar en un trabajo inteligente. En efecto, los ingresos no varían, mientras que el trabajador puede gestionar mejor el consumo y las inversiones, además de ocuparse personalmente de las tareas domésticas.

### 3.3.3 – El ahorro de tiempo

Existen servicios aún más específicos que las empresas deciden poner a disposición del personal contratado. Estos servicios, que forman parte del llamado time saving, tienen por objeto proporcionar a los empleados más tiempo libre, contratando a personas que realizan algunas tareas domésticas en su lugar. Estas tareas incluyen la compra, la compra de medicamentos y la limpieza de la ropa. El trabajador, especialmente si forma parte de una familia con dos ingresos, tendrá así más tiempo para dedicar a su familia o a sus aficiones.
Algunas empresas han puesto a disposición en el lugar de trabajo un verdadero mayordomo que realiza algunas de las principales tareas domésticas y que permanece a

disposición de los trabajadores y de sus familias durante todo el turno laboral. Otras empresas han creado una zona de comida para llevar, de modo que el trabajador pueda llegar rápidamente a su familia durante el almuerzo y pasar tiempo con sus hijos y su cónyuge. La comida es excelente, especialmente desde el punto de vista económico, y permite al trabajador obtener un ahorro no indiferente, mejorando, además del bienestar individual, toda la economía doméstica.

Uno de los ejemplos más importantes de servicio time saving es el proporcionado por Bottega Veneta. A raíz de una encuesta a fondo realizada entre sus empleados, la empresa decidió conciliar las horas de trabajo con las obligaciones familiares, ofreciendo un aumento salarial y ofreciendo bonos de todo tipo, favoreciendo los desplazamientos de las viviendas individuales al lugar de trabajo e introduciendo servicios time saving, como la cena take away y la lavandería corporativa. Las consecuencias han sido óptimas, no solo para las familias, sino sobre todo para la empresa, que ha obtenido un rendimiento mucho mejor por parte de sus empleados.

## 3.4 – Coworking como una nueva visión del bienestar

La misión de la economía doméstica es alcanzar el nivel más alto posible de bienestar familiar, individual e incluso empresarial. Para ello se ha desarrollado en los últimos años una nueva forma de trabajo que se denomina coworking. Se trata de una verdadera unión y colaboración entre trabajadores que ejercen profesiones diferentes pero propedéuticas entre sí o similares, que comparten los mismos espacios de trabajo. Esta ideología influye considerablemente en la economía doméstica. En efecto, el coworking permite dividir los gastos relativos a la gestión de las oficinas y de los espacios de trabajo con los otros coworkers, ahorrando considerablemente en el consumo y obteniendo así un ingreso mensual global más elevado.

Sin embargo, la idea no nace para beneficiarse del ahorro de espacio compartido, sino para crear un lugar en el que las personas puedan evitar alienarse por el trabajo que deben realizar. En efecto, el trabajo a menudo se considera una obligación, y el trabajador tiende a aislarse cada vez más dentro de una oficina, haciendo aún más monótonas las horas que pasa fuera de su casa. A través del coworking, en cambio, desempeñar la profesión puede convertirse en un placer: se crean nuevas amistades, se establecen relaciones diferentes de las habituales y se da vida a un tejido social capaz de influenciar el bienestar individual y el familiar.

Muchos coworkers disfrutan hoy de un bienestar total. Su testimonio ha sido útil para quienes desean profundizar en la economía doméstica y ha permitido encontrar un camino diferente y muy eficaz que permita encontrar el punto de equilibrio entre trabajo y familia. El tiempo libre es fundamental en la vida de cada individuo: a través de esta metodología, trabajar también forma parte del concepto de tiempo libre. Por supuesto, como cualquier otro trabajo, el compromiso, la voluntad y el sacrificio no son insignificantes, pero el entorno compartido ofrece muchos beneficios.

La característica del coworking es dedicar algunas áreas a las pausas. Los profesionales o empleados pueden pasar varios minutos tomando un café, tomando un aperitivo y descansando. Por supuesto, el coste de las bebidas y los aperitivos se reduce en comparación con los mismos productos que se pueden comprar en los supermercados, favoreciendo una vez más el ahorro y la economía doméstica.

El entorno de trabajo debe ser acogedor, ya que está diseñado específicamente para relajar la mente, y debe proporcionar calor durante los meses de invierno y fresco durante los meses de verano. En general, los espacios de trabajo compartidos se encuentran en zonas de la ciudad en las que se pueden encontrar lugares para niños, carriles para bicicletas o parques sencillos. La razón es simple: implicar a toda la familia en el proyecto de socialización emprendido por los trabajadores.

Tampoco en el Coworking se pierde de vista la idea de conciliar el trabajo con los aspectos familiares. Por esta razón, no es raro encontrar en estos lugares zonas dedicadas al entretenimiento de los hijos de los empleados, e incluso servicios de ahorro de tiempo. Si los cónyuges de los coworkers son smart worker, el beneficio es total: áreas enteras están dedicadas a ellas, con conexiones a Internet estables y rápidas e incluso con ordenadores personales disponibles para todos. Incluso los hijos mayores pueden decidir estudiar allí en lugar de ir a las bibliotecas, cada vez más concurridas.

## 3.4.1 – Plan C de Milán

En 2012, Milán se convirtió en protagonista de un hito importante en el mundo de la economía doméstica, dando un paso importante hacia la conciliación entre el trabajo y las actividades familiares. La idea que impulsó a Milán a crear el Plan C fue ofrecer una alternativa eficaz al Plan A, representado por la clásica mujer de carrera, y el Plan B, que se refiere a la mujer como ama de casa, que cuida a sus hijos y se dedica al cuidado de la casa. Por consiguiente, se pretende incentivar a las mujeres para que desempeñen ambas tareas, sin tener que renunciar necesariamente a una de ellas, a través de medios y servicios eficaces y coordinados.

El Plan C ha llevado a un mismo lugar el coworking, la community, el cobaby y varios servicios time saving. De este modo, una trabajadora, madre de uno o más hijos, puede realizar su trabajo con tranquilidad, confiar en servicios domésticos personalizados, observar a sus hijos jugar y estudiar de cerca durante todo el día, y dedicarse a cultivar las amistades y a extender las relaciones sociales con sus compañeras y sus familias. Se trata de una combinación perfecta entre trabajo y todas las actividades domésticas, conyugales y extra laborales que pueden interesar a una trabajadora.

El Plan C de Milán está compuesto por varias oficinas, cocinas, impresoras compartidas, algunas áreas dedicadas a los niños, una sala especialmente diseñada para las pausas e incluso algunas áreas reservadas para aquellos que por razones de trabajo u otras razones deben hacer llamadas telefónicas de larga duración. Además, los diversos servicios de asistencia y de ahorro de tiempo se prestan a todas las trabajadoras que deciden participar en conferencias, a precios realmente únicos.

# Conclusiones

Por tanto, aplicar la economía doméstica dentro de una familia moderna no es nada fácil. Las variables que deben tenerse en cuenta siguen siendo las mismas que en la fórmula básica de la economía, es decir, los ingresos, los impuestos, el consumo y las inversiones.

Los impuestos, como consecuencia de la crisis económica que ha cambiado profundamente a todo el planeta, han aumentado considerablemente, al igual que los bienes de primera necesidad, es decir, el consumo, que ya no son los mismos que en el pasado. La renta, por el contrario, ha permanecido casi constante, considerando sólo algunas adaptaciones al coste de la vida: por lo tanto, la gestión de la familia es realmente muy difícil.

Esta problemática social ha llevado a las familias a buscar, también a raíz de la afirmación en la sociedad de la figura femenina, uno o más empleos por individuo, creando núcleos de doble o incluso triple renta. Esta adaptación, sin embargo, ha creado un vacío en lo que se refiere a la gestión y el desarrollo de las actividades domésticas: las familias ya no poseen objetivos, intentan llegar a fin de mes con la esperanza de no tener que incurrir en gastos adicionales que podrían conducir a renunciar a algunos bienes de primera necesidad.

Así pues, la situación social moderna ha provocado la desaparición de algunos empleos, como el de la ama de casa o del ama de casa (aunque no sea directamente remunerado) que garantizaban el mantenimiento de un equilibrio fundamental dentro de la familia. En cambio, han surgido de nuevo trabajos que recuerdan la vida de los primeros años del siglo pasado, como el del mayordomo. El número de empleados y cuidadores ha aumentado considerablemente, precisamente como respuesta automática del mercado a la demanda y a las necesidades de las nuevas familias.

Pero la capacidad de adaptación del ser humano a los problemas que pueden surgir a lo largo de los años es realmente extraordinaria. La confirmación de esto viene directamente de las empresas que contratan a trabajadores que, estudiando sus necesidades, han decidido insertar en los puestos de trabajo servicios que permitan conciliar las actividades laborales y las domésticas. Incluso profesionales autónomos, a través del Coworking, cooperan para facilitar la búsqueda de un equilibrio de este tipo, gestionando espacios dedicados tanto a la vida laboral como a la familiar.

La economía doméstica, por lo tanto, está llamada a una nueva adaptación, con la sociedad en continua evolución. La consecución de los objetivos familiares sólo es posible hoy en día mediante la planificación de un plan económico, de estilo empresarial, que tenga en cuenta cualquier elemento fijo y variable, ordinario y extraordinario, que pueda afectar al trabajo y a la familia. Los presupuestos previstos de ingresos y gastos representan un método de estudio muy apreciado, especialmente para los hogares que no se dedican directamente a la economía empresarial, en la medida en que permiten obtener de manera inmediata el estado de salud económica de la familia y delinear la positividad o la negatividad evolutiva en el medio-a largo plazo, dando así la oportunidad de realizar las correcciones necesarias en materia de consumo o de ingresos.

www.ingramcontent.com/pod-product-compliance
Lightning Source LLC
Chambersburg PA
CBHW030954240526
45463CB00016B/2550